LE SIROP D'ÉRABLE

Texte de Marilyn Linton
Illustrations de Lesley Fairfield

Traduit de l'anglais par
Claudine Azoulay

 Héritage jeunesse

Données de catalogage avant publication (Canada)

Linton, Marilyn

  Le sirop d'érable

  Traduction de : The maple syrup book.
  Pour les jeunes.

  ISBN 2-7625-6321-6

  1. Sirop d'érable - Ouvrages pour la jeunesse.
  I. Fairfield, Lesley, 1949 -   . II. Titre.

  SB239.M3L5514 1989   j664'.132   C90-096022-1

Dépôts légaux: 1er trimestre 1990
Bibliothèque nationale du Québec
Bibliothèque nationale du Canada

ISBN: 2-7625-6321-6   Imprimé au Canada

LES ÉDITIONS HÉRITAGE INC.
300, Arran, Saint-Lambert, Québec J4R 1K5
(514) 875-0327

L'auteure tient à remercier John Butler du ministère de l'Agriculture et de l'Alimentation de l'Ontario ainsi que le professeur Farrer de l'Université de Toronto pour l'aide précieuse qu'ils lui ont apportée dans la rédaction et la révision de cet ouvrage.

À Sam et Tanya

Table des matières

Introduction

Tout comme le thé est originaire de Chine et les pamplemousses sont associés à la Floride, le sirop d'érable vient lui aussi d'un endroit particulier. Bien qu'il pousse des érables dans de nombreux coins du monde, le sirop d'érable n'est fabriqué que dans certaines régions du Canada et des États-Unis.

D'où provient cet aliment exquis que nous versons sur nos crêpes? Comment et quand l'a-t-on découvert? Et comment transforme-t-on la substance nutritive d'un arbre en savoureuses friandises à l'érable?

Tu trouveras toutes les réponses à ces questions dans *Le sirop d'érable*. Tu y apprendras comment entailler un arbre pour en tirer la sève, à quel rythme coule cette sève et comment la transformer en sirop. Une fois ta lecture terminée, tu sauras pourquoi l'érable est un arbre aussi extraordinaire que précieux, et l'acériculture un art autant qu'une industrie.

(Remarque : Tu trouveras la définition des mots écrits comme celui-ci — **photosynthèse** — dans le glossaire à la page 45.)

Une fabrique de sucre naturelle

La prochaine fois que tu arroseras tes crêpes de sirop d'érable, tu pourrais te demander d'où provient ce sirop. Il provient de l'érable, cet arbre étonnant qui est une véritable fabrique de sucre naturelle. Grâce à l'énergie provenant du soleil — l'énergie solaire — il fabrique un liquide sucré, la **sève**, qui, parce qu'elle ressemble à de l'eau, porte également le nom d'eau d'érable. Pourquoi l'érable produit-il cette sève?

La nourriture de l'arbre

Les arbres aussi ont besoin de nourriture, surtout au printemps et en été, époques de l'année où ils grandissent le plus. Dans leurs feuilles, par un processus que l'on appelle la **photosynthèse**, ils fabriquent un sucre qui leur fournit beaucoup d'énergie.

Le sucre ainsi élaboré se mélange à l'eau, que les racines de l'arbre ont absorbée dans le sol, pour former la sève. En circulant dans l'arbre, cette sève l'alimente, l'aide à se développer, à avoir de nouvelles feuilles et à être en santé.

Quand l'arbre s'arrête de pousser, en automne, il n'a plus besoin de sève. Le surplus de sève demeure dans l'arbre durant tout l'hiver. Il gèle dans une couche de bois blanc appelé l'**aubier**, dans le tronc de l'arbre ainsi que dans ses branches.

Au printemps, quand les jours et les nuits se réchauffent, la sève qui avait gelé dégèle lentement et circule dans les parties de l'arbre qui ont besoin d'elle pour croître. C'est à ce moment-là qu'on dit que la sève coule.

Supersève

De nombreux arbres produisent une sève sucrée et on récoltait autrefois celle de plusieurs espèces d'arbres. De nos jours, cependant, on ne trouve plus de sirop de chêne ou de sirop de noyer. Il n'existe plus que du sirop d'érable. Pourquoi? Parce que les érables produisent une sève plus sucrée et plus abondante que les autres arbres. Et cette supersève coule plus longtemps, ce qui laisse donc plus de temps pour entailler les érables.

La photosynthèse

Si tu pouvais rapetisser et pénétrer dans une feuille d'érable, tu y découvrirais une usine de fabrication du sucre et un système de transport qui fonctionnent à merveille.

À l'intérieur de la feuille, se trouvent des milliers de cellules microscopiques qui renferment de la **chlorophylle**, la substance qui donne aux feuilles leur couleur verte. Cette chlorophylle se mêle au **gaz carbonique** qui pénètre dans la feuille par les trous minuscules situés à sa surface. (Le gaz carbonique est le gaz que tu rejettes en expirant.) L'eau que les racines ont absorbée dans le sol s'ajoute à ce mélange. Quand la chlorophylle, le gaz carbonique et l'eau se mélangent, tout ce qu'il manque pour faire du sucre, c'est la lumière du soleil. Ce processus s'appelle la photosynthèse.

Une fois que le sucre est fabriqué, il doit être acheminé vers les parties de l'arbre qui poussent. En observant bien une feuille d'érable, tu peux distinguer un réseau de filets très minces appelés des **nervures**. Ce sont les chemins qu'emprunte la sève pour se rendre des feuilles aux branches.

Lait de poule surprise

Il te faut: un mélangeur ou un pot dont le couvercle ferme hermétiquement, une tasse à mesurer, une cuillère à mesurer, une fourchette.

1 banane mûre
1 oeuf
30 ml de sirop d'érable
250 ml de lait froid

1. Après l'avoir pelée, mets la banane dans le mélangeur avec les autres ingrédients.
2. Bats pendant 2 minutes ou jusqu'à ce que tu réussisses à épeler «lait de poule surprise» à l'envers sans le lire!
3. Si tu te sers d'un pot, écrase bien la banane pour qu'elle se mélange plus facilement. Secoue ensuite le pot jusqu'à ce que ton bras se fatigue.

Donne deux portions au petit déjeuner ou comme collation au retour de l'école.

Rôtie à la cannelle

Ajoute-lui un soupçon de sirop d'érable et cette recette traditionnelle fera le régal de toute la famille.

Il te faut: un petit bol, un grille-pain, une tasse à mesurer, une cuillère à mesurer.

50 ml de sucre d'érable granulé
50 ml de noix hachées
5 ml de cannelle moulue
4 tranches de pain
du beurre pour tartiner le pain

1. Dans le bol, mélange le sucre d'érable, les noix et la cannelle.
2. Fais griller le pain. Dès qu'il est prêt, beurre chaque tranche.
3. Étale aussitôt le mélange à l'érable. La chaleur de la rôtie fera fondre le sucre d'érable.

Donne quatre tranches.

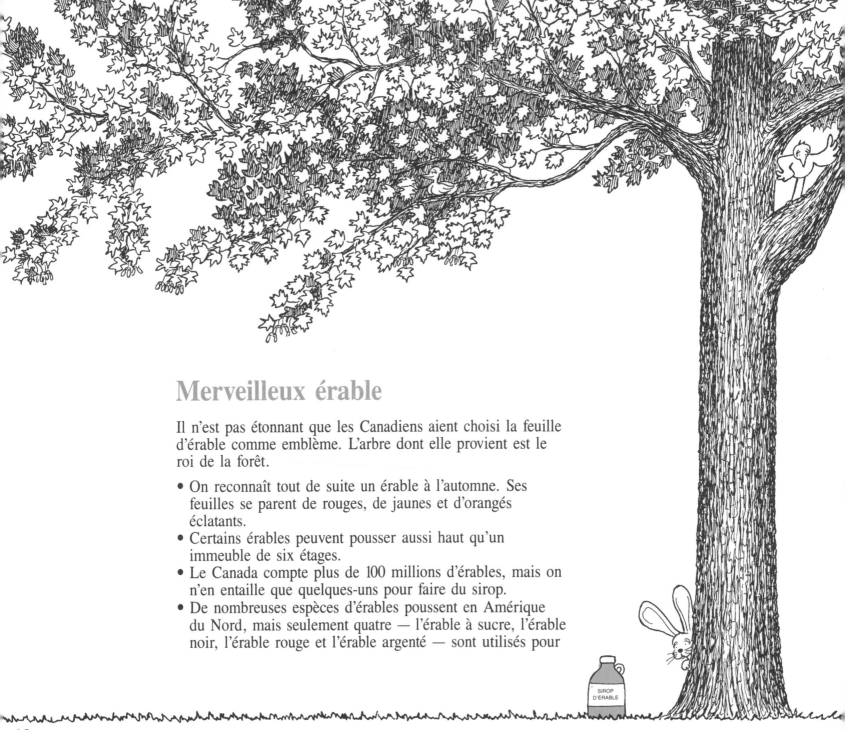

Merveilleux érable

Il n'est pas étonnant que les Canadiens aient choisi la feuille d'érable comme emblème. L'arbre dont elle provient est le roi de la forêt.

- On reconnaît tout de suite un érable à l'automne. Ses feuilles se parent de rouges, de jaunes et d'orangés éclatants.
- Certains érables peuvent pousser aussi haut qu'un immeuble de six étages.
- Le Canada compte plus de 100 millions d'érables, mais on n'en entaille que quelques-uns pour faire du sirop.
- De nombreuses espèces d'érables poussent en Amérique du Nord, mais seulement quatre — l'érable à sucre, l'érable noir, l'érable rouge et l'érable argenté — sont utilisés pour

SIROP D'ÉRABLE

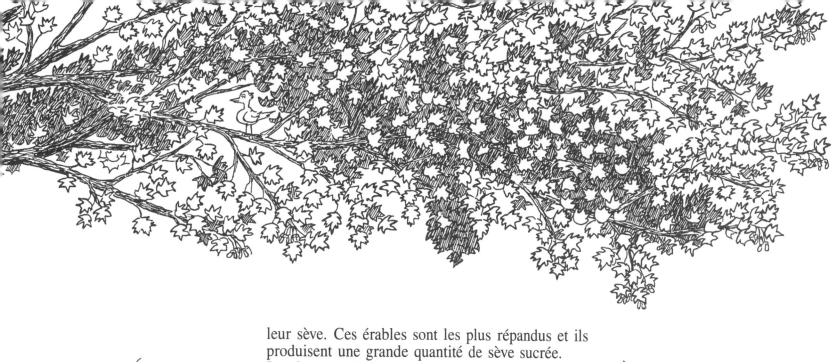

leur sève. Ces érables sont les plus répandus et ils produisent une grande quantité de sève sucrée.

- Le plus grand producteur de sève est l'**érable à sucre**. À partir d'un litre de sève de cet arbre, on peut fabriquer plus de sirop qu'avec la sève de n'importe quel autre érable.
- Les graines de l'érable sont contenues dans des enveloppes ailées appelées des **disamares**. En tombant, ces fruits tournoient comme des petits hélicoptères. Ce mouvement permet aux graines de s'éloigner de l'arbre et d'avoir des chances de se semer dans un endroit propice et ensoleillé.
- Bien qu'il pousse des érables dans le monde entier — même en Sibérie — le sirop d'érable n'est fabriqué que dans l'est du Canada et le nord-est des États-Unis.
- Il faut de quarante à quatre-vingts ans pour qu'un érable soit un coulant, c'est-à-dire qu'il soit assez gros pour produire de la sève d'une qualité suffisamment bonne pour faire du sirop. À cet âge, cependant, un érable est encore jeune ; certains érables ont 400 ans.

Bricolages nature

Avec des feuilles et des fruits d'érable, on peut faire de superbes bricolages. En automne, les feuilles ont des couleurs magnifiques. De par leur forme, les disamares peuvent servir d'ailes aux oiseaux que tu auras fabriqués avec des pommes de pin et des glands. Un peu de colle et beaucoup d'imagination, c'est tout ce qu'il te faut.

   Voici quelques suggestions dont tu pourras t'inspirer.

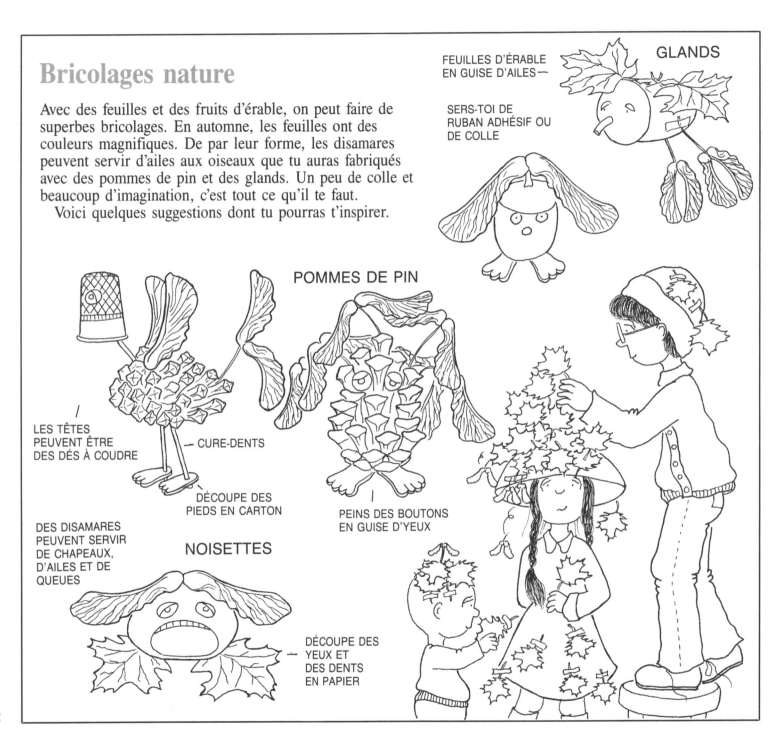

GLANDS

FEUILLES D'ÉRABLE
EN GUISE D'AILES

SERS-TOI DE
RUBAN ADHÉSIF OU
DE COLLE

POMMES DE PIN

LES TÊTES
PEUVENT ÊTRE
DES DÉS À COUDRE

— CURE-DENTS

DÉCOUPE DES
PIEDS EN CARTON

PEINS DES BOUTONS
EN GUISE D'YEUX

DES DISAMARES
PEUVENT SERVIR
DE CHAPEAUX,
D'AILES ET DE
QUEUES

NOISETTES

DÉCOUPE DES
YEUX ET
DES DENTS
EN PAPIER

Comment a-t-on découvert le sirop d'érable?

Bien avant que les colons européens n'arrivent en Amérique du Nord, les Amérindiens de l'est du Canada et du nord-est des États-Unis avaient découvert comment recueillir la sève des érables et la transformer en sirop. Personne ne sait avec certitude qui a découvert le premier le sirop d'érable, mais une légende amérindienne explique comment cela a pu se passer.

Par un matin froid et piquant, il y a fort longtemps, un chef iroquois du nom de Woksis sortit de sa hutte. Puisqu'il devait aller à la chasse, il retira sa hachette de l'érable dans lequel il l'avait plantée la veille au soir. La lame de la hachette avait fait une profonde entaille dans l'arbre mais Woksis n'y fit pas cas. Il partit chasser.

Un récipient en écorce de bouleau était posé au pied de l'érable. Goutte à goutte, la sève qui ressemblait à de l'eau s'écoula de l'entaille faite dans le tronc de l'érable et remplit le récipient.

Le lendemain, la femme de Woksis remarqua que le récipient était plein.

Pensant que la sève incolore était de l'eau, elle s'en servit pour faire un ragoût de gibier.

Le soir venu, au souper, Woksis sourit et dit à sa femme: «Ce ragoût est délicieux. Il a un goût sucré.»

N'y comprenant rien, la femme trempa son doigt dans le ragoût qui avait mijoté tout l'après-midi. Woksis avait raison. Le ragoût était sucré. On venait de découvrir le sirop d'érable!

De la sève instantanée

Ce n'est pas étonnant que la femme de Woksis ait pensé que le bol de sève d'érable était de l'eau. Cette sève (que l'on appelle justement de l'eau d'érable) est limpide et incolore comme de l'eau. Contrairement à l'eau, cependant, elle est légèrement sucrée. Tu peux préparer un liquide semblable à de la sève en faisant fondre 5 ml de sucre dans 200 ml d'eau. Et voilà de la sève instantanée!

Invente une légende

La légende que tu viens de lire n'en est qu'une parmi de nombreuses que les hommes ont inventées pour expliquer comment on a découvert le sirop d'érable. Une autre histoire raconte que les Amérindiens, ayant remarqué que les écureuils léchaient la sève qui coulait des érables, avaient décidé d'y goûter eux aussi.

D'après toi, comment a-t-on découvert le sirop d'érable? Est-il tombé du ciel comme de la pluie? Un dieu de l'érable aurait-il apporté l'érable sur la Terre pour le bien des hommes?

Invente à ton tour une légende racontant comment on a découvert que l'érable pouvait nous procurer un aliment précieux.

En langues amérindiennes

Les Cris appellent l'érable *sisibaskwat*.
Les Algonquins appellent le sirop d'érable *sinzibuckwud*, ce qui signifie «tiré du bois».

14

Le test de l'écorce

Q. Qu'est-ce qui a une tête et un tronc mais pas de membres?

R. Un arbre.

L'écorce d'un érable a-t-elle le même aspect que celle des autres arbres? Pour le savoir, tu peux faire le test suivant. Pose un morceau de papier blanc sur l'écorce d'un érable, et frotte-le avec un crayon de cire ou un morceau de charbon. Fais la même chose sur l'écorce de deux autres arbres d'espèce différente et compare ces papiers avec celui de l'érable.

Lait fouetté à l'érable

Même si tu n'as pas de mélangeur, tu peux préparer ces boissons en mettant tous les ingrédients dans un pot dont le couvercle ferme bien hermétiquement.

Il te faut: un mélangeur ou un pot avec un couvercle hermétique, une tasse à mesurer, une cuillère à mesurer, une cuillère à crème glacée ou une cuillère à soupe.

250 ml de lait
30 ml de sirop d'érable
2 boules de crème glacée à la vanille

1. Mets tous les ingrédients dans le mélangeur et bats pendant une minute jusqu'à ce que le lait fouetté soit mousseux. Ou bien sers-toi du pot et secoue, secoue et secoue encore. Ça prendra plus de temps avec un pot mais le résultat sera tout aussi savoureux.

Donne deux portions.

De la sève au sirop

Les premiers producteurs de sirop

Imagine que tu te serves de sirop d'érable à la place de sel pour assaisonner ta nourriture. Cela peut te paraître étrange mais, autrefois, les Amérindiens utilisaient le sirop d'érable exactement comme l'on se sert du sel aujourd'hui. Ils le mélangeaient au maïs et à d'autres légumes et ils en versaient même sur la viande et le poisson.

Le sirop d'érable était tellement apprécié qu'il était parfois difficile de s'en procurer. Une légende amérindienne nous explique pourquoi. La voici :

Il y a bien longtemps, du sirop pur, comme celui dont on arrose nos crêpes, coulait des érables. Lorsque le dieu Nanabozho y goûta, il le trouva tellement bon qu'il se dit que les habitants de la Terre n'apprécieraient pas ce sirop s'ils pouvaient se le procurer trop facilement. Nanabozho ajouta donc de l'eau à l'épais sirop fourni par l'arbre, tellement d'eau que le liquide finit par ressembler à de l'eau sucrée. Il dissimula ensuite cette sève au plus profond de l'arbre. Depuis ce temps-là, les hommes doivent travailler fort pour obtenir du sirop d'érable.

L'entaillage des arbres

Chaque année, au printemps, les Amérindiens quittaient leur campement de chasse, où ils avaient passé l'hiver, et ils s'installaient dans une forêt. Le nouveau campement était situé au milieu d'une plantation d'érables à sucre (on appelle cet endroit une **érablière**). Pendant la majeure partie de l'année, il revenait aux hommes de trouver de la nourriture en chassant et en pêchant. Au temps des sucres, cependant, c'était au tour des femmes de s'occuper de l'approvisionnement. Chaque femme avait à sa disposition une hutte (l'ancêtre de la **cabane à sucre**) entourée d'érables à sucre. Aidée des hommes et des enfants, elle était chargée de récolter la sève.

Pour recueillir la sève des arbres, les hommes entaillaient le tronc des érables avec une hachette. On enfonçait ensuite dans cette entaille un morceau d'écorce ou un copeau de

bois. On déposait sur le sol un récipient d'écorce ou de bois pour recueillir l'eau d'érable. Quand le récipient était plein, on transportait la sève dans la hutte réservée à cet usage où commençait le long processus de la fabrication du sirop.

La fabrication du sirop

Les Amérindiens savaient qu'il fallait enlever l'eau de la sève pour que celle-ci puisse se transformer en épais sirop brun. Ils laissaient d'abord la sève dehors dans des récipients peu profonds. En gelant, l'eau contenue dans la sève formait une couche de glace à la surface du récipient. Le matin, on enlevait la glace. On répétait cette opération plusieurs nuits de suite jusqu'à ce que la sève ait un peu épaissi.

L'eau d'érable devait ensuite être bouillie. En ce temps-là, les récipients étaient faits de bois ou d'argile ; on ne pouvait donc pas les laisser sur le feu pendant très longtemps. Les Amérindiens utilisaient une autre méthode qui consistait à faire chauffer au rouge de grosses pierres. On retirait ensuite ces pierres du feu, une par une, à l'aide de pinces en bois ou de branches en forme de fourche, et on les jetait dans les récipients de sève. Ces récipients étaient faits de grosses bûches bien épaisses que l'on avait creusées et dont on avait bouché les extrémités.

Une fois qu'elles avaient refroidi, on retirait les pierres et on en ajoutait de nouvelles, chaudes. La sève finissait par bouillir et longtemps après, toute l'eau s'était évaporée et il ne restait plus qu'un épais sirop.

Comme tu dois t'en douter, pour arriver à l'ébullition, il fallait changer les pierres très souvent et cela prenait infiniment plus de temps qu'il en faudrait pour faire bouillir une marmite de sève sur une cuisinière moderne.

Du sirop dur

Il était tellement difficile de transporter du sirop liquide que les Amérindiens faisaient habituellement bouillir le sucre jusqu'à ce que l'eau se soit *presque entièrement* évaporée. Ils versaient ensuite l'épais sirop dans des moules en bois où il durcissait et se transformait en blocs ou en pains de sucre.

Les moules avaient parfois la forme d'étoiles, de fleurs et d'animaux.

Une autre méthode pour faciliter le transport du sirop consistait à le faire bouillir jusqu'à ce que l'eau se soit *entièrement* évaporée. On conservait les gros cristaux de sucre d'érable ainsi formés — qui ressemblaient à du sucre brun cristallisé — dans des contenants en écorce de bouleau appelés des **mokuks**. Certains mokuks étaient petits tandis que d'autres pouvaient contenir jusqu'à 15 kg de sucre. Les enfants mangeaient des poignées de sucre tel quel ou bien ils le mélangeaient à de l'eau de source pour avoir une boisson sucrée et rafraîchissante.

La saison des sucres

La fabrication du sirop d'érable n'était pas que du travail ; elle s'accompagnait également de distractions. Les quelques semaines au cours desquelles on pouvait fabriquer du sirop étaient marquées par des cérémonies spéciales. On exécutait même parfois des danses au moment de l'entaillage des arbres car on croyait qu'elles avaient le pouvoir d'apporter une température plus chaude dans l'érablière et de faire couler la sève.

Les Amérindiens se préparaient une boisson fraîche et désaltérante en additionnant du sirop d'érable à de l'eau de source. Tu peux toi aussi te concocter les deux boissons suivantes.

Limonade à l'érable

Il te faut : un pichet moyen, une cuillère à mesurer, une tasse à mesurer.

2 citrons
60 ml de sirop d'érable
500 ml d'eau froide

1. Presse le jus des deux citrons.
2. Mélange dans le pichet le jus de citron aux autres ingrédients.

Cette boisson se sert sur glace.

Soda à l'érable

Il te faut : un grand verre et une cuillère.

1 cannette de club soda ou une petite bouteille d'eau minérale gazeuse
60 ml de sirop d'érable

1. Verse le sirop d'érable dans le verre. Remplis d'eau, remue et déguste.

Jeu de mots

Combien de mots peux-tu former avec les lettres contenues dans le mot ÉRABLIÈRE ?
Au minimum 25. (Tu trouveras les réponses à la page 48.)

Fabrique-toi un mokuk

Les Amérindiens n'avaient pas de récipients en verre ou en métal pour conserver leur sucre d'érable. Ils utilisaient donc des mokuks en écorce de bouleau. Pour te confectionner ce mokuk, tu n'as pas besoin d'écorce de bouleau; du papier-calque et du papier de construction épais feront l'affaire. Fixe ton mokuk de l'intérieur, avec du ruban adhésif, et décore-le à ton goût.

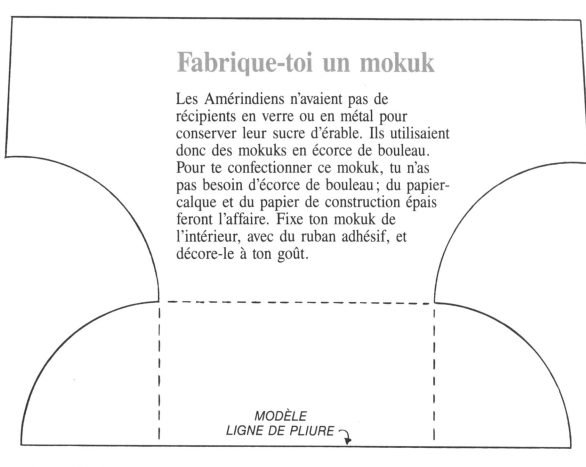

MODÈLE
LIGNE DE PLIURE

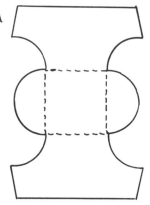

A

B

Réalisation :

1. Plie en deux un morceau de papier-calque.
2. Place le côté plié du papier-calque le long de la ligne de pliure du modèle.
3. Trace le modèle sans oublier de reproduire les pointillés.
4. Découpe le dessin suivant les lignes continues.
5. Déplie le papier-calque et reproduis le schéma sur du papier de construction épais. Découpe le carton.
6. Plie ton mokuk le long des pointillés tel qu'indiqué à la figure A.
7. Colle le mokuk de l'intérieur avec du ruban adhésif de sorte qu'il ressemble à la figure B. Décore-le selon ta fantaisie.

L'entaillage des arbres au temps des pionniers

Quand les premiers colons arrivèrent au Canada, ils n'avaient pas beaucoup d'argent et il y avait peu de magasins où acheter des provisions. Ils étaient donc obligés de cultiver les champs ou de chasser pour se nourrir. Il était difficile de se procurer certains produits alimentaires. Le sucre était l'une des denrées dont les colons manquaient. Ils en avaient pourtant besoin pour confectionner des tartes, des gâteaux et même du pain. Et pour sucrer leur gruau!

En observant les Amérindiens, les colons apprirent rapidement à entailler les arbres et à faire évaporer l'eau de la sève pour fabriquer du sirop et du sucre. Ils améliorèrent même peu à peu les techniques des Amérindiens.

Par exemple, au lieu d'entailler l'écorce de l'arbre avec une hachette comme ils avaient vu les autochtones le faire, les pionniers perçaient un trou dans l'arbre. Ils enfonçaient ensuite dans ce trou une **goutterelle** de bois qui acheminait la sève dans un seau de bois placé au pied de l'arbre. Par la suite, les pionniers suspendirent le seau à un crochet, lui-même fixé à la goutterelle, pour éviter que le récipient ne soit renversé par le vent ou par un animal. Une fois les seaux pleins de sève, les colons les vidaient dans de grands **chaudrons** en fer. Les chaudrons étaient suspendus au-dessus d'un feu et la sève bouillait pendant des heures et des heures.

Transporter sur le verglas ou dans la neige fondue de lourds seaux remplis de sève était une besogne ardue. En 1870, un récolteur épuisé de fatigue écrivait dans son journal intime: «On est certain de bien dormir après avoir récolté trente seaux de sève.»

Les érablières étant le plus souvent situées à plusieurs kilomètres du campement des colons, à la saison des sucres, on installait un campement provisoire à proximité de l'érablière. Certains colons dormaient même dehors malgré le froid. D'autres se bâtissaient une petite cabane en rondins pour loger les quelques travailleurs venus entailler les arbres. Pour tout mobilier, ces cabanes renfermaient un lit de paille

et quelques couvertures en peau de bison. Les gens se relayaient pour dormir dans la cabane et surveiller la cuisson de la sève.

Le temps des sucres

Bien que la récolte de la sève et la fabrication du sirop aient été un travail difficile, le temps des sucres était une époque de réjouissances. Il était l'annonce du printemps que tous, après un hiver long et rude, attendaient avec impatience. Les parties de sucre donnaient aussi aux voisins qui ne s'étaient pas vus de tout l'hiver l'occasion de se rendre visite.

La tire

Voici l'origine du mot «tire». On versait du sirop très épais sur de la neige. Quand il avait un peu refroidi, les enfants prenaient ce morceau de sirop et tiraient dessus pour voir qui pouvait l'étirer le plus avant qu'il ne soit complètement froid et ne se brise. Les adultes prenaient parfois part à ce jeu au cours duquel les participants, souvent par deux, enroulaient et tordaient la tire jusqu'à en faire d'incroyables cordes de sucre.

Les vacances de l'érable

À la fin des années 1800, les écoliers avaient des vacances à la mi-mars, à la saison des sucres. Plus qu'une occasion pour eux de se reposer ou de s'amuser, ces vacances étaient surtout données pour permettre aux enfants d'apporter leur aide dans l'érablière.

Une monnaie d'échange

Au temps des pionniers, le sirop d'érable avait tellement de valeur que l'on s'en servait comme argent. Un seau de sirop d'érable constituait un salaire raisonnable pour quiconque avait donné un coup de main dans l'érablière d'un voisin.

Les outils des pionniers

Puisqu'ils ne pouvaient pas acheter d'outils pour entailler les arbres, les pionniers devaient s'en fabriquer.

Pendant les longues veillées d'hiver, autour d'un feu de cheminée, toute la famille confectionnait des goutterelles en sureau, en cèdre ou en pin. Ces espèces d'arbres étaient les plus courantes et leur bois se travaillait bien.

On sciait les rondins en bandes d'environ 3 cm de large, puis on les découpait en morceaux d'environ 15 cm de long. On les polissait à la main ou au tour pour les rendre rondes et lisses. On perçait ensuite un trou de 1 cm tout le long de la goutterelle.

Pour recueillir l'eau d'érable, on utilisait habituellement des seaux de bois, mais on pouvait également se servir de récipients en verre ou de seaux en fer-blanc. Petit à petit, les colons constatèrent que le récipient le plus pratique était le seau en fer-blanc muni d'un couvercle. Dans les récipients qui n'avaient pas de couvercle, beaucoup trop de morceaux d'écorce et de feuilles se mélangeaient à la sève.

Une fois le seau rempli, on transvasait la sève dans des marmites profondes ou de grands chaudrons où on la faisait bouillir. Les premiers sucriers (c'est ainsi qu'on appelait les producteurs de sirop d'érable avant de leur donner le nom d'**acériculteurs**) utilisaient un seul gros chaudron. Ils ajoutaient continuellement de la nouvelle sève à celle qui bouillait déjà. Du fait qu'il était difficile d'enlever la sève du chaudron brûlant, il arrivait qu'elle cuise trop longtemps et devienne amère.

Par la suite, les sucriers utilisèrent trois petits récipients au lieu d'un seul gros. On faisait cuire la sève dans le premier récipient, puis on la transvidait à l'aide d'une louche dans le deuxième et enfin dans le troisième. Ainsi, la sève ne cuisait que jusqu'à ce qu'elle soit prête, et non toute la journée comme auparavant.

Vers 1860, les pionniers commencèrent à remplacer les chaudrons par des bassines en fer-blanc à fond plat. Dans ces bassines, munies d'un foyer alimenté au bois, la cuisson de la sève prenait la moitié de temps, de travail et de combustible. De plus, étant donné que dans les bassines à fond plat, une plus grande quantité de sève était exposée à la chaleur, elle cuisait de manière plus uniforme et ne brûlait pas aussi facilement. L'avantage le plus important de cette méthode, c'est que le sirop fabriqué dans ces bassines à fond plat était plus clair et avait un goût plus doux.

Est-ce que c'est prêt?

Aujourd'hui, nous avons des thermomètres à sirop pour nous dire quand la sève atteint la température requise pour se transformer en sirop, en tire ou en sucre. Les colons, eux, n'en avaient pas. Pour vérifier si le sirop était prêt, ils en versaient une cuillerée dans un bol d'eau froide. Si le sirop coulait au fond du bol et y restait, c'est qu'il était prêt. Les sucriers expérimentés n'avaient cependant pas besoin de faire ce test: ils savaient, rien qu'à la vue et au goût, quand le sirop était prêt.

Faites passer le pain de sucre!

Étant donné la rareté des contenants dans lesquels conserver le sirop liquide, la plupart des familles faisaient cuire le sirop plus longtemps pour en faire du sucre d'érable. On versait ensuite ce sirop épais dans des moules à pain ou à gâteau, ou encore on en faisait des blocs. Les Canadiens français façonnaient leur sucre d'érable dans des moules en pin, sculptés à la main, en forme de coeur ou d'animaux. Ces friandises étaient presque trop jolies pour être mangées.

Neige à l'érable

Au temps de la colonie, les enfants raffolaient des desserts faits avec de la neige fraîche et du sirop d'érable. N'essaie cette recette que si la neige près de chez toi est très propre. Sinon, du sirop d'érable sur de la crème glacée à la vanille, c'est également un régal!

Il te faut: un grand bol, une cuillère à crème glacée ou une cuillère à soupe, une tasse à mesurer, des cuillères à mesurer.

250 ml de lait
1 oeuf
125 ml de sucre
15 ml de vanille
50 ml de sirop d'érable

1. Dans un grand bol, mélange le lait, l'oeuf, le sucre et la vanille.
2. Ajoute une quantité de neige fraîche et propre, suffisante pour absorber le liquide.
3. Verse dans des petits bols et arrose légèrement de sirop d'érable.

Donne six petites portions.

Questions d'érable

1. *Quelle équipe sportive canadienne arbore une feuille d'érable sur son chandail ?*

L'équipe de hockey des Maple Leafs de Toronto porte des chandails blancs décorés d'une feuille d'érable bleue. Cette équipe a été fondée en 1917.

2. *De quelle couleur est la feuille d'érable sur le drapeau du Canada ?*

La feuille d'érable qui orne le drapeau du Canada est rouge dans un carré blanc, flanqué de chaque côté d'une bande rouge. Bien que la feuille d'érable ait été utilisée comme emblème du Canada depuis 1805, ce n'est qu'en 1965 que le drapeau à feuille d'érable est devenu le drapeau officiel du Canada.

3. *Comment appelle-t-on la tire d'érable en anglais ?*

Maple taffy.

4. *Pourquoi les feuilles d'érable se parent-elles de si jolies couleurs en automne ?*

Les feuilles d'érable prennent ces couleurs parce que la chlorophylle, qui leur donne leur couleur verte, disparaît graduellement et dévoile la pigmentation rouge, violette et orangée des substances chimiques contenues dans les feuilles.

Fèves à l'érable

Ce mets traditionnel est nourrissant et facile à préparer. Sois bien prudent(e) en te servant de la cuisinière.

Il te faut: une petite casserole, une cuillère à mesurer, une tasse à mesurer, une cuillère en bois à long manche, une cuisinière.

1 boîte moyenne de fèves à la sauce tomate
30 ml de ketchup ou de sauce au chili
50 ml de sirop d'érable

1. Mets tous les ingrédients dans la casserole.
2. Fais chauffer à feu moyen pendant 5 minutes, en remuant de temps en temps.

Donne deux portions. Si tu as très faim, tu peux manger les fèves avec du bacon et du pain.

Granola à l'érable

Tu peux déguster le granola à l'érable seul ou sur du yogourt ou de la crème glacée. Demande la permission d'utiliser le four.

Il te faut: des mitaines isolantes, un grand bol, une tôle à biscuits, un bocal ou un contenant dont le couvercle ferme hermétiquement, des cuillères à mesurer, une tasse à mesurer, un four.

250 ml de flocons d'avoine
250 ml d'arachides ou de noix hachées
250 ml de germes de blé
75 ml d'huile d'arachide
50 ml de sirop d'érable
5 ml de vanille
une pincée de sel
5 ml d'huile d'arachide

1. Chauffe le four à 160°C (325°F).
2. Graisse la tôle à biscuits avec les 5 ml d'huile d'arachide. Essuie le surplus de gras.
3. Mélange tous les ingrédients, excepté l'huile d'arachide, dans le bol pour faire le granola.
4. Tout en remuant, verse peu à peu l'huile d'arachide. Assure-toi que tous les ingrédients sont bien enrobés d'huile.
5. Étale le granola de façon uniforme sur la tôle à biscuits.
6. Fais griller au four pendant 20 minutes ou jusqu'à ce que le granola soit légèrement doré.
7. Fais très attention quand tu sors la tôle du four. Laisse refroidir. Casse ensuite le granola en gros morceaux.
8. Conserve-les dans un bocal ou un contenant dans un endroit frais et sec.

Donne environ 750 ml de granola; de quoi faire de nombreuses collations.

La fabrication moderne du sirop d'érable

Tu ne trouveras pas de goutterelles ni de seaux de bois dans une érablière moderne. En visitant deux fermes, tu vas découvrir comment les acériculteurs d'aujourd'hui entaillent leurs arbres.

La ferme des Pilon

L'érablière des Pilon ne compte que 25 érables. Cela leur permet de produire du sirop pour leur consommation personnelle et pour en donner à leurs amis, mais pas pour en vendre. Quand la sève se met à couler au printemps, toute la famille se met de la partie pour la récolter.

En se servant d'un entailloir à main (un vilebrequin, par exemple), monsieur Pilon perce un trou d'environ 8 cm de profondeur et 1 cm de diamètre dans le tronc de chaque arbre. Puis Joanne, sa fille de 9 ans, et la mère de celle-ci prennent la relève. Dans chaque trou, elles plantent délicatement un **chalumeau** en aluminium (c'est ainsi qu'on appelle le petit tuyau qui remplace la goutterelle de jadis). Elles suspendent ensuite à ce chalumeau un seau d'aluminium dans lequel la sève va se déverser.

Quand les seaux sont presque pleins (ça prend généralement une journée pour qu'un seau se remplisse), Joanne et ses parents les vident dans un grand **réservoir de récolte**.

Ils transportent ensuite la sève contenue dans le réservoir de récolte à la cabane à sucre où ils la transvasent dans un appareil spécial, l'**évaporateur**.

RÉSERVOIR DE RÉCOLTE

La ferme des Mercier

L'érablière des Mercier est 40 fois plus grande que celle des Pilon. Elle compte 1 000 érables. La sève récoltée chaque printemps permet de fabriquer 2 000 litres de sirop. Bien que les Mercier soient gourmands de sirop d'érable, ils ne peuvent pas en manger autant à eux tout seuls. Ils en vendent donc aux magasins avoisinants.

Quand on visite l'immense érablière des Mercier, on a l'impression de se trouver dans une toile d'araignée géante. Des tuyaux de plastique transparent se croisent et s'entrecroisent à même le sol. On appelle cette installation une tuyauterie d'érablière. En regardant de plus près, on peut voir la sève couler dans ces tuyaux.

Bien que l'érablière des Mercier soit beaucoup plus grande que celle des Pilon, monsieur Mercier peut faire le travail tout seul… grâce à ces tuyaux de plastique.

Contrairement à monsieur Pilon, monsieur Mercier ne se sert pas d'un outil à main mais plutôt d'un entailloir (on peut aussi dire une perceuse) électrique portable, ce qui lui permet d'aller plus vite pour forer des **entailles** dans les arbres. Il enfonce ensuite dans ces entailles un chalumeau de plastique qui est relié à un long tube de plastique. Chaque tube conduit lui-même à un autre gros tuyau qui achemine la sève dans un grand réservoir d'emmagasinage.

Dans certaines érablières, la sève s'écoule toute seule dans le tuyau de plastique sous l'influence de la **gravité**. Chez les Mercier, une pompe est reliée au tuyau afin que la sève soit pompée des arbres et acheminée dans le réservoir d'emmagasinage.

Grâce à ce mode de collecte par tuyaux de plastique, monsieur Mercier n'a plus besoin d'aide pour recueillir l'eau d'érable. Finis les seaux à vider, les réservoirs de récolte à déplacer, les chemins à tracer dans l'érablière. En outre, on peut recueillir une plus grande quantité de sève. À la ferme des Mercier, les arbres dont la sève est récoltée au moyen de **pompes à vide** donnent trois fois plus de sève que ceux de la ferme des Pilon.

ENTAILLOIR ÉLECTRIQUE

La sève en questions

Q. Quand la sève coule-t-elle?

R. Le sirop d'érable est la première récolte de l'année, mais on ne savait pas au juste ce qui provoquait la **coulée**. Pendant de nombreuses années, les cultivateurs ont cru qu'il existait un signal mystérieux qui faisait couler la sève. Était-ce la pleine lune ou le vol du premier corbeau au-dessus de l'érablière? Était-ce l'épaisseur de la neige sur le sol un jour en particulier? Les agriculteurs tenaient un journal et y notaient la température avant, pendant et après la coulée. Ils enregistraient également les chutes de pluie et de neige ainsi que l'ensoleillement.

En étudiant ainsi de près les variations de la température, les premiers fermiers ont découvert le fameux secret: la sève coulait quand il y avait des nuits de gel suivies de journées chaudes et ensoleillées. Au bout de plusieurs années, ils ont compris que ces conditions météorologiques particulières pouvaient survenir du début mars à la mi-avril. Passé cette date, la température devenait plus chaude, les bourgeons des arbres se mettaient à gonfler, et la sève que l'on faisait bouillir à cette époque donnait un sirop d'érable amer dont le goût ressemblait à celui de bacon brûlé. Yerk!

Aujourd'hui, on sait que la sève coule par une journée douce où la température grimpe jusqu'à +2°C ou davantage, après une nuit de gel où le thermomètre est descendu jusqu'à −3°C ou moins. Voilà les conditions météorologiques idéales pour que la sève coule.

Q. Est-ce que ça endommage un arbre de lui tirer sa sève?

R. Quand on retire de la sève d'un arbre, ça lui enlève effectivement une partie de sa nourriture, mais comme ce que l'on retire représente moins d'un dixième de la réserve de sucre de l'arbre, en général, les arbres ne sont pas endommagés. Certains érables qui ont été entaillés depuis près de 100 ans sont encore très vigoureux.

Q. À quelle époque de l'année peut-on tirer la sève des arbres?

DES NUITS DE GEL

DES JOURNÉES CHAUDES

ET COULE LA SÈVE!

R. La sève est présente dans l'arbre à l'année longue, mais ce n'est que pendant deux ou trois semaines au printemps qu'elle est suffisamment sucrée pour en faire du sirop d'érable. Dès que les feuilles commencent à pousser sur les arbres, la sève devient amère.

Q. La sève se trouve-t-elle uniquement dans le tronc de l'arbre ou y en a-t-il partout?

R. La sève circule dans toutes les parties de l'arbre, mais les acériculteurs entaillent le tronc parce qu'il est plus facile d'accès que les branches.

Q. La sève coule-t-elle rapidement?

R. Pas du tout, elle coule même goutte à goutte. Un acériculteur a un jour chronométré le rythme de la coulée: il avait d'abord compté 175 gouttes à la minute, mais un peu plus tard, au cours de la même journée, la sève du même arbre ne donnait plus que dix gouttes à la minute. Il arrive même que la sève s'arrête carrément de couler si la température a baissé, et qu'elle se remette à couler, comme par magie, si le thermomètre remonte.

Q. Combien d'entailles peut-on faire dans un arbre?

R. Plus le tronc de l'arbre est gros, plus on peut faire d'entailles. La plupart des acériculteurs ne font cependant pas plus de quatre entailles dans un même arbre car le surentaillage peut nuire au bois d'un arbre.

Q. Quelle quantité de sève donne un arbre?

R. Un érable de taille moyenne donne de 68 à 90 litres de sève par an. Les gros arbres donnent évidemment plus de sève que d'autres plus petits car on peut faire un plus grand nombre d'entailles dans un arbre plus gros, ce qui permet donc à une plus grande quantité de sève de couler.

Q. Quels arbres conviennent le mieux pour l'entaillage?

R. Un érable en bonne santé qui a beaucoup de branches et une cime bien fournie donne le plus de sève. Cela s'explique par le fait que les arbres qui ont le plus grand nombre de feuilles exposées au soleil produisent la plus grande quantité de sucre. Un arbre est entaillable si son tronc a un diamètre d'au moins 75 cm, à environ 1 mètre au-dessus du sol. On ne devrait pas entailler des arbres plus petits.

Q. Pourquoi ne produit-on du sirop d'érable que dans l'est du Canada et le nord-est des États-Unis?

R. On ne sait pas au juste pourquoi. Bien que les conditions climatiques nécessaires pour produire du sirop d'érable existent dans d'autres régions du globe, aucun autre pays n'en fabrique.

Comment prévoir la coulée de la sève

Voici comment déterminer quand la sève va couler. En commençant le 1er mars, enregistre les températures tous les jours à l'heure du dîner et avant de te coucher. Fais-toi un tableau comme celui ci-dessous.

Quand tu remarques que pendant plusieurs journées de suite, la température est de −3°C ou moins la nuit, et de +2°C ou plus le lendemain, cours à l'érablière la plus proche.

Date	Température à midi	Température la nuit
1er mars	−2	−8
2 mars	−3	−10
3 mars	−1	0
4 mars	0	−1
5 mars	+2	−3
6 mars	+3	−5
7 mars	+4	−4

Réponse : La coulée aura lieu les 5, 6 et 7 mars.

Yogourt délice

Un soupçon de sirop d'érable dans du yogourt nature, c'est super!

Il te faut: une cuillère à mesurer, un bol.

1 petit pot (d'environ 175 g) de yogourt nature
30 ml de sirop d'érable

1. Verse le yogourt dans un bol et fais un petit trou dedans pour faire un puits.
2. Verse le sirop d'érable dans le puits.

Fait le délice d'un amateur de yogourt.

Pain doré

Pour changer un peu des crêpes, voici une suggestion appétissante.

Il te faut: un bol, une fourchette, une spatule, une poêle moyenne, une tasse à mesurer, des cuillères à mesurer, une cuisinière.

1 oeuf
50 ml de lait
30 ml de beurre
2 tranches de pain (de préférence du pain de blé entier ou du pain aux oeufs)

1. Casse l'oeuf dans le bol. À la fourchette, bats bien l'oeuf et le lait.
2. Dans la poêle, à feu moyen, fais fondre le beurre jusqu'à ce qu'il frémisse.
3. Trempe les deux faces de la tranche de pain dans le mélange d'oeuf.
4. Fais frire le pain dans la poêle jusqu'à ce qu'il soit doré.
5. Retourne-le avec la spatule et fais cuire l'autre face jusqu'à ce qu'elle soit dorée elle aussi.

Donne deux tranches que l'on arrose généreusement de sirop d'érable.

L'évaporateur

La sève récoltée dans des seaux par les Pilon et dans des tuyaux par monsieur Mercier aboutit dans un évaporateur. On la fait bouillir dans cet appareil afin que l'eau s'évapore et qu'il ne reste plus qu'un épais sirop.

Un évaporateur ressemble à une longue table de métal légèrement inclinée. D'un côté, elle est constituée d'une bassine métallique large et peu profonde, elle-même divisée en 3 sections (parfois davantage), et d'une bassine plus petite appelée **bassine à sirop** ou casserole de finition. Sous ces bassines, se trouve un foyer alimenté au bois ou au charbon. Certains évaporateurs modernes fonctionnent au gaz ou au mazout.

Après avoir versé la sève dans la grande bassine, on allume le feu. La bassine étant inclinée, la sève se répand en une couche mince dans les diverses sections de l'évaporateur. Tout en s'étalant dans l'évaporateur, elle bout sans arrêt. Au moment de passer dans la bassine à sirop, presque toute l'eau qu'elle contenait s'est évaporée et le sirop est quasiment prêt.

Comment l'acériculteur sait-il quand retirer le sirop de la bassine à sirop?

On utilise parfois un thermomètre à sirop. Quand la température du sirop dépasse de 4°C le point d'ébullition (l'eau et le sirop bouillent tous les deux à 100°C), il est prêt. On peut également se servir d'un instrument spécial qui flotte à la surface du sirop et qui indique son épaisseur. Cet instrument de mesure porte le nom de **densimètre**. Quand le sirop est prêt, on doit le **filtrer** deux fois à travers des passoires en flanelle ou en feutre pour en retirer les impuretés qu'on appelle du **sable de sucre** ou encore de la râche. On verse ensuite le sirop chaud dans des bouteilles ou dans des boîtes de conserve stérilisées avant que sa température ne tombe au-dessous de 83°C. Il est alors stérile, c'est-à-dire exempt de tout microbe, et prêt à être mangé.

33

Comment entailler un arbre

Quand on entaille un arbre, on doit faire très attention à ne pas l'endommager. Demande à un adulte de t'aider à le faire.

Il te faut : un ruban à mesurer, un vilebrequin muni d'une mèche de 1 cm de diamètre, un chalumeau, un marteau, un petit seau en plastique.

1. En te servant du ruban à mesurer, cherche un arbre dont le tronc mesure au moins 75 cm de diamètre, à 1 mètre au-dessus du sol.
2. Perce un trou de 8 cm de profondeur dans le tronc de l'arbre, à environ 1 mètre au-dessus du sol. Le trou doit arriver jusqu'à l'aubier, partie de l'arbre où est emmagasinée la sève. Il faut également que l'entaille soit légèrement inclinée vers l'extérieur pour que la sève puisse s'écouler dans le seau.
3. Plante le chalumeau dans l'entaille jusqu'à ce qu'il y soit bien ajusté. Tu auras peut-être besoin d'enfoncer le chalumeau avec un marteau. Dans ce cas, frappe très doucement pour ne pas risquer de fendre l'écorce.
4. Suspends ton seau à l'arbre. Tu n'as plus qu'à attendre que la sève coule.

Transforme la sève en sirop

Il faut 40 cuillerées de sève pour faire 1 cuillerée de sirop. Si tu as eu la chance de recueillir de la sève, tu peux essayer de la faire bouillir pour voir ce qui se produit. Attention ! On peut se brûler gravement avec du sirop chaud ; il est donc préférable qu'un adulte t'aide à faire cette expérience.

Il te faut : une marmite suffisamment grande pour contenir la quantité de sève que tu as, une cuillère en bois à long manche, un thermomètre à sirop.

1. Mets chauffer la casserole de sève sur la cuisinière à feu fort. Brasse constamment. Quand la sève commence à bouillir, baisse le feu à moyen sans cesser de brasser.
2. Trempe le thermomètre à sirop dans la sève et quand la température atteint 104°C, retire le sirop du feu.
3. Verse le sirop dans un bocal propre. Laisse-le refroidir puis goûtes-y... c'est tout simplement délicieux !

QUEL EST LE COMBLE POUR UNE CRÊPE ?

D'ÊTRE PLATE.

Crêpes — les préférées de tous

Des crêpes, on peut en manger à n'importe quelle heure de la journée. Cette recette donne huit crêpes moyennes ou seize crêpes de la taille d'un dollar en argent.

Il te faut: deux bols, une poêle à frire ou une plaque en fonte (qu'on pose sur le dessus d'une cuisinière), des cuillères à mesurer, une tasse à mesurer, une spatule, une grande cuillère ou une louche, une cuisinière.

250 ml de farine tout usage
10 ml de bicarbonate de soude
une pincée de sel
5 ml de sucre
1 oeuf
175 ml de lait
15 ml de beurre fondu
10 ml d'huile végétale

1. Dans un bol, combine la farine, le bicarbonate de soude, le sel et le sucre.
2. Dans le second bol, bats les oeufs et le lait.
3. Ajoute les ingrédients secs aux ingrédients liquides et mélange bien le tout. Il ne faut pas battre trop, cependant, car les crêpes seraient dures.
4. Ajoute le beurre fondu, toujours sans battre trop.
5. Verse un peu d'huile végétale dans la poêle et fais chauffer à feu moyen. L'huile est chaude lorsqu'elle commence à fumer légèrement.
6. À l'aide d'une grosse cuillère ou d'une louche (selon la taille que tu veux donner à tes crêpes), verse la pâte dans la poêle. Tu peux faire cuire plusieurs crêpes dans la même poêle en autant qu'elles ne se chevauchent pas.
7. Poursuis la cuisson jusqu'à ce qu'il se forme des bulles d'air à la surface des crêpes. Retourne-les avec une spatule et fais-les cuire de l'autre côté pendant une minute.

8. Remets un peu d'huile dans la poêle et répète la même opération jusqu'à ce qu'il ne te reste plus de pâte. Arrose de sirop d'érable et bon appétit!

Donne de deux à quatre portions.

Carottes à l'érable

Des carottes cuites parfumées au sirop d'érable constituent un accompagnement de choix à du poulet rôti au souper. Elles sont également délicieuses au dîner avec un sandwich au fromage grillé.

Il te faut: une casserole moyenne, une passoire ou un égouttoir, un couteau, un éplucheur à légumes, une tasse à mesurer, des cuillères à mesurer, une cuisinière.

250 ml de carottes crues, soit environ trois grosses carottes ou quatre moyennes
500 ml d'eau
une pincée de sel
15 ml de beurre
25 ml de sirop d'érable

1. Fais bouillir l'eau dans la casserole à feu fort.
2. Pendant que l'eau chauffe, lave et épluche les carottes. Coupe-les en fines rondelles ou en bâtonnets.
3. Fais cuire les carottes dans l'eau bouillante de 3 à 5 minutes, selon que tu les veux plus ou moins croquantes.
4. Passe-les dans la passoire ou l'égouttoir.
5. Remets les carottes dans la casserole avec le beurre. Remets la casserole sur la cuisinière à feu moyen. Remue les carottes et le beurre pendant quelques secondes jusqu'à ce que le beurre soit fondu.
6. Ajoute le sirop d'érable et fais cuire une minute en remuant constamment. Donne de deux à quatre portions.

Entretenir une forêt d'érables

Bien que la saison des sucres n'ait lieu qu'au printemps, l'entretien d'une forêt d'érables est un travail qui dure toute l'année.

S'occuper d'une érablière, c'est un peu comme avoir un immense jardin. Les érables ont besoin de beaucoup de soleil pour produire de la sève. Il faut donc couper les pins ou tous autres arbres qui pourraient bloquer la lumière.

Lorsque des souris ou d'autres animaux nuisibles, la chenille à tente par exemple, rongent ou attaquent les feuilles ou l'écorce d'un érable, il peut être endommagé au point de mourir. Si l'on ne parvient pas à se débarrasser des bêtes nuisibles, il faudra couper l'arbre malade et l'enlever pour faire de la place aux arbres qui sont en bonne santé. Si l'on garde du bétail à proximité de l'érablière, on devra la clôturer afin que les vaches ne piétinent pas les jeunes arbres ni ne les mangent. Prendre soin d'une plantation d'érables représente beaucoup d'ouvrage, mais, le temps des sucres venu, on se rend compte que ça en valait la peine.

Quatre saveurs de sirop

Tous les sirops d'érable n'ont pas le même goût, ni la même couleur. Tout dépend de la coulée de la sève et du temps que l'on met à la transformer en sirop. Il existe quatre **catégories** de sirop. On mesure la couleur du sirop à l'aide d'un colorimètre.

- Le sirop extra-clair est de la couleur du ginger ale. Il est très sucré. C'est du sirop pur fait à partir de la sève recueillie au début de la coulée.
- Le sirop clair a un goût plus prononcé. Il est fait à partir de la sève recueillie plus tard.
- Le sirop médium a à peu près la couleur de thé léger et — tu l'auras deviné — a un goût encore plus prononcé que le sirop précédent. Il provient de la sève recueillie encore plus tard dans la saison.
- Le sirop ambré est un sirop foncé. Il est fait à partir de la dernière sève recueillie juste avant que les feuilles n'apparaissent sur l'érable.

Le labyrinthe des sucres

En répondant aux questions par vrai ou faux, trouve le chemin qui te conduira à la pile de crêpes.

DÉPART

Si l'on fait plus de 4 entailles, on risque d'endommager l'arbre.

3. Monte sur une échelle pour entailler le tronc le plus haut possible.

V   F

On doit faire les entailles à environ 1 mètre au-dessus du sol.

2. Perce 10 trous dans chaque arbre.

F

V

1. Des nuits de gel et des journées chaudes. Et coule la sève!

F   V

Au contraire, c'est le temps idéal pour que la sève coule.

38

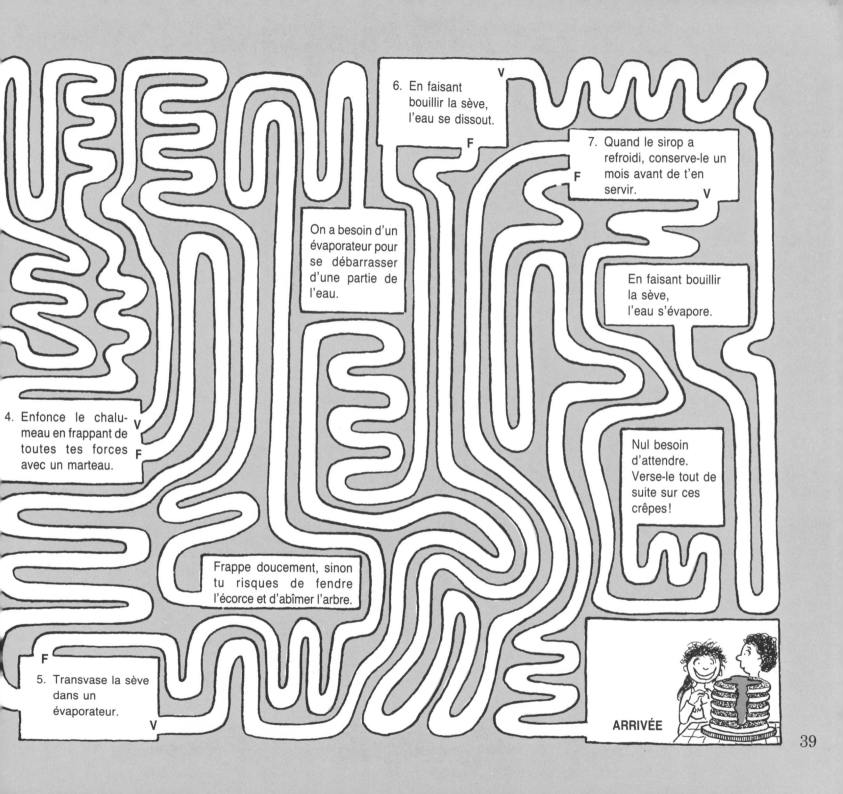

6. En faisant bouillir la sève, l'eau se dissout.

V

F

7. Quand le sirop a refroidi, conserve-le un mois avant de t'en servir.

F

V

On a besoin d'un évaporateur pour se débarrasser d'une partie de l'eau.

En faisant bouillir la sève, l'eau s'évapore.

4. Enfonce le chalumeau en frappant de toutes tes forces avec un marteau.

V

F

Nul besoin d'attendre. Verse-le tout de suite sur ces crêpes!

Frappe doucement, sinon tu risques de fendre l'écorce et d'abîmer l'arbre.

F

5. Transvase la sève dans un évaporateur.

V

ARRIVÉE

Un aliment tout sucre

Depuis le jour où ils ont découvert un rayon de miel et goûté au doux trésor qu'il cachait, les hommes n'ont pas pu se passer de sucreries.

Le premier sucre blanc provenait de la canne à sucre, une plante qui ressemble à un bambou, dont on pouvait, en la pressant, extraire une sève sucrée. On faisait ensuite bouillir cette sève pour en faire du sucre de la même manière que l'on fabrique du sucre d'érable aujourd'hui.

Au début de sa découverte, on a considéré le sucre comme un médicament que vendaient les pharmaciens. On l'a ensuite pris pour une herbe rare. Ce n'est que dans les années 1800, quand le thé et le café sont devenus populaires, que l'on s'est mis à utiliser couramment le sucre.

On a découvert par la suite qu'un légume à l'apparence d'une betterave pouvait être pressé lui aussi, et sa sève bouillie pour en faire du sucre. On a appelé cette plante la betterave sucrière.

La canne à sucre et la betterave sucrière étant difficiles à se procurer, les premiers arrivants en Amérique du Nord furent ravis d'apprendre des Amérindiens à fabriquer du sirop d'érable. Même si le sirop et le sucre bruns obtenus à partir de l'eau d'érable avaient un goût un peu bizarre pour les pionniers habitués au sucre blanc, c'était toujours mieux que rien !

Une bonne source d'énergie

La sève qui coule d'un érable renferme environ 3 % de sucre, ce qui veut dire que dans 100 cuillerées de sève, il n'y a que 3 cuillerées de sucre. Les 97 autres cuillerées sont de l'eau. Pour transformer la sève en sirop, on fait évaporer l'eau jusqu'à ce qu'il y ait au moins 66 cuillerées de sucre dans 100 cuillerées de liquide. Ce n'est pas étonnant alors que le sirop d'érable soit aussi sucré !

Le sucre contenu dans la sève fournit à l'arbre l'énergie dont il a besoin pour croître ; le sucre contenu dans le sirop d'érable te rend le même service. Le sirop d'érable renferme également, en petites quantités, d'autres substances dont tu

Des litres et des tonnes

En 1980, les érables canadiens ont produit plus de 11 millions de litres de sirop d'érable et près de 400 000 kg (400 tonnes métriques) de sucre et de tire d'érable.

Q. Quelle quantité de beurre trouve-t-on dans du beurre d'érable ?

R. Aucun. Tout comme du beurre d'arachide, le beurre d'érable ne contient pas de beurre du tout. On lui a donné ce nom parce qu'il se tartine facilement et parce qu'il est lisse et crémeux comme du beurre.

On transforme le sirop d'érable en beurre d'érable en lui faisant subir plusieurs changements brusques de température. On fait d'abord chauffer le sirop à haute température, puis on le refroidit rapidement. On le brasse constamment pendant qu'il refroidit, jusqu'à ce qu'il ait la consistance du beurre.

40

as besoin : calcium, potassium, phosphore, fer, vitamines et acides aminés. Tu ne serais pas en très bonne santé si tu ne te nourrissais que de sirop d'érable, car il ne contient pas assez de vitamines ni de sels minéraux indispensables à ton organisme. Le sirop d'érable est cependant un aliment bon pour toi si tu en consommes en petites quantités, car il te fournit beaucoup d'énergie.

Recettes magiques

Eh oui ! Tu peux transformer du sirop d'érable en sucre ou en tire d'érable chez toi !

Sucre d'érable

Il te faut : un thermomètre à sirop, une casserole moyenne, une tasse à mesurer, un moule à gâteau, une cuillère à long manche, une cuisinière.

1. Fais chauffer dans la casserole, à feu modérément fort, 250 ml de sirop d'érable.
2. Plonge le thermomètre dans le sirop. Quand la température se situe entre 120°C et 125°C, verse le sirop chaud dans un grand moule à gâteau.
3. Brasse énergiquement le sirop jusqu'à ce qu'il se forme de petits cristaux. Et voilà, tu viens de fabriquer du sucre d'érable !

Tire d'érable

Il te faut : un thermomètre à sirop, un marteau, un sac en plastique, un moule peu profond, une casserole moyenne, une cuisinière, un congélateur.

1. Écrase en petits morceaux 1 litre de cubes de glace. Un moyen facile de le faire est de mettre la glace dans un sac en plastique et de la casser avec un marteau. Fais attention à tes doigts !

2. Tasse la glace dans le moule et place-le au congélateur.
3. Fais chauffer dans la casserole, à feu modérément fort, 250 ml de sirop d'érable.
4. Plonge le thermomètre dans le sirop. Quand la température se situe entre 112°C et 120°C, enlève la casserole du feu.
5. Sors le récipient de glace du congélateur et verse le sirop chaud sur la glace. Au contact de la glace, le sirop devient de la tire. Prends la tire avec une fourchette et attends qu'elle refroidisse pour la manger.

Mots cachés

Il y a 15 mots cachés dans la grille ci-dessous. Ils se rapportent tous au sirop d'érable. Peux-tu les trouver ? Regarde bien dans toutes les directions, même de droite à gauche et de bas en haut.

```
E R A B L E Q S B D E
R N F P X V I U S H C
B O I S C A J C E G R
R C F W R P E R N A O
A E V E S O C E I C C
V T U N Y R A B C H E
O D T I R E B L A A N
Z E S P C E A G R U P
T B E O F I N H W D T
S K A R V S E P E R C
B O U I L L I R J O M
G E P S U F A Q T N E
```

(Tu trouveras les réponses à la page 48.)

Mots mélangés

Remets les lettres en ordre pour que les phrases suivantes aient un sens.

1. Une légende raconte que le sirop d'érable a été découvert par un chef **sqoiroiu** et sa femme.
2. Les Amérindiens faisaient bouillir leur sève d'érable en jetant des **esrpier** chaudes dans le récipient de sève.
3. Les pionniers recueillaient la sève dans des **sxaeu** de bois.
4. Quand on retire l'eau d'un liquide en le faisant bouillir, on dit qu'il y a **atrpoavénio**.
5. Les Améridindiens conservaient le sucre d'érable dans des **kkomus**.
6. Pour produire du sucre, la **llcoehlpyrho** contenue dans les feuilles se mélange à du gaz carbonique et à de l'eau.
7. On **ntileael** le tronc d'un érable pour en tirer la sève.
8. Les érables ont besoin de beaucoup de **liosel**.

1. _____

2. _____

3. _____

4. _____

5. _____

6. _____

7. _____

8. _____

(Tu trouveras les réponses à la page 48.)

Mots croisés

Horizontalement

1. C'est la _____ qui donne la couleur verte aux feuilles.
3. Quel plaisir d'aller à la _____ à sucre!
4. L'exploitation d'une érablière dans le but de produire du sirop d'érable s'appelle l' _____ .
6. On façonne le sucre d'érable dans des _____ aux formes variées.
7. L' _____ est l'arbre qui produit la sève la plus sucrée.
10. Pour retirer le sable de sucre, on _____ le sirop.
11. Un _____ est un contenant dans lequel les Amérindiens conservaient le sucre d'érable.
12. Chaque _____ d'une feuille renferme de la chlorophylle.
13. L'écoulement de la sève dans la tuyauterie d'une érablière peut se faire sous l'influence de la _____ .
15. Quand on la fait bouillir, l'eau d'érable devient du _____ .
20. À la cabane à sucre, petits et grands se régalent de _____ sur la neige.
21. On enfonce un _____ dans une entaille pour acheminer la sève vers le seau.
22. Pour recueillir l'eau d'érable, on suspend un _____ à un chalumeau.
24. En automne, les _____ deviennent rouges, jaunes et orangées.
26. La qualité d'un produit détermine sa _____ .
27. Un acériculteur peut faire jusqu'à quatre _____ dans un même érable.
28. L'instrument qui sert à mesurer l'épaisseur du sirop s'appelle un _____ .

Verticalement

1. Pour établir la couleur d'un sirop d'érable, on se sert d'un _____ .
2. Dans une érablière moderne, l'eau d'érable est recueillie dans des tuyaux de _____ .
3. Si des nuits de gel alternent avec des journées chaudes, la sève se met à _____ .
5. Au temps des pionniers, on faisait bouillir la sève dans un grand _____ .
8. Pour la transformer en sirop, on fait _____ l'eau d'érable dans un évaporateur.
9. Aujourd'hui, on fait bouillir la sève dans un _____ pour la transformer en sirop.
14. Un _____ des températures permet de déterminer quand va couler la sève.
15. Le mot _____ est synonyme d'acériculteur.
16. Pour fabriquer du sirop, les Amérindiens faisaient chauffer des _____ qu'ils jetaient dans les récipients de sève.
17. Des _____ au sirop d'érable, voilà un bon petit déjeuner!
18. On fabrique du _____ avec deux plantes spéciales.
19. Il faut qu'il y ait des nuits de _____ pour que la sève coule.
21. Plus on prolonge la _____ de la sève, plus on obtient du sirop dur.
23. Les mokuks étaient faits en _____ de bouleau.
25. Le liquide qui alimente un arbre s'appelle la _____ .

43

Carrés à l'érable

Tu n'as pas besoin d'attendre l'Halloween pour te sucrer le bec avec ces petites douceurs.

Il te faut: une casserole moyenne épaisse, un thermomètre à sirop, un petit moule à gâteau, une tasse à mesurer, une cuillère à mesurer, une cuillère en bois à long manche, une cuisinière.

250 ml de sirop d'érable
30 ml de beurre ou de margarine
1 000 ml de céréale de riz soufflé
75 ml d'arachides hachées

1. Dans la casserole, fais bouillir le sirop d'érable jusqu'à ce que le thermomètre indique 140°C.
2. Après avoir retiré du feu, ajoute le beurre ou la margarine. Brasse bien.
3. Ajoute le riz soufflé et les arachides et mélange bien.
4. Tasse cette préparation dans un petit moule à gâteau beurré. Lisse bien le dessus.
5. Laisse refroidir, puis découpe en carrés.

Donne environ huit morceaux.

ESSAIE DE DIRE CETTE PHRASE À TOUTE VITESSE: "SUZIE SAVOURE SES SUCRERIES ET SACHA SIROTE SON SIROP CHAUD."

Boulettes sucrées

Il faut toujours être très prudent(e) quand tu fais cuire du sirop. Toute éclaboussure peut te brûler très gravement.

Il te faut: une casserole moyenne épaisse, une spatule, un thermomètre à sirop, un grand bol, une tasse à mesurer, une cuillère à mesurer, une cuillère en bois à long manche, une cuisinière.

500 ml de sucre
150 ml de cidre
150 ml de sirop d'érable
125 ml de beurre
5 ml de sel
2 ml de vanille
1 000 ml de maïs soufflé chaud
250 ml d'arachides salées
375 ml de dattes hachées (ou de raisins secs, si tu préfères)

1. Dans la casserole épaisse, mélange le sucre, le cidre, le sirop d'érable, le beurre et le sel.
2. Porte à ébullition. Tout en brassant, gratte le sucre collé à la casserole et remets-le dans le liquide. Fais cuire pendant deux minutes.
3. Plonge le thermomètre dans la préparation et laisse-le dedans. Poursuis la cuisson sans remuer jusqu'à ce que le thermomètre indique 140°C.
4. Ajoute la vanille et brasse.
5. Mets le maïs soufflé, les arachides et les dattes dans un bol et mélange-les bien.
6. Verse le liquide sur la préparation au maïs soufflé. Brasse encore.
7. Graisse-toi les mains avec du beurre et façonne la pâte en petites boules que tu disposeras sur une assiette ou sur du papier ciré.

Ces friandises constituent un cadeau d'anniversaire savoureux pour un(e) ami(e) gourmand(e).

Glossaire

acériculteur (acéricultrice): personne qui exploite une érablière en vue de produire du sirop d'érable et ses dérivés. L'acériculture est l'exploitation d'une érablière. (L'adjectif acéricole signifie «relatif à l'acériculture».)

aubier (un): partie tendre d'un arbre située entre l'écorce et le bois dur, dans laquelle circule la sève.

bassine à sirop (une): dernière bassine à fond plat utilisée pendant l'évaporation pour faire bouillir la sève jusqu'à ce qu'elle ait l'épaisseur requise pour faire du sirop. (On dit aussi une casserole de finition.)

cabane à sucre (une): bâtiment situé dans une érablière où l'on fait bouillir la sève d'érable pour produire du sirop d'érable. (On dit aussi une sucrerie.)

catégorie (une): mesure de la qualité qui indique la couleur et la saveur du sirop d'érable.

chalumeau (un): petit tuyau rond et légèrement conique que l'on plante dans l'entaille pour canaliser la sève qui s'en écoule.

chaudron (un): grand récipient à fond rond, généralement doté de trois pieds et d'une anse mobile.

chlorophylle (la): substance que produisent les arbres à partir de la lumière solaire, qui donne leur couleur verte aux feuilles.

coulée (la): période pendant laquelle la sève d'érable s'écoule de l'entaille. Aussi, action de s'écouler de l'entaille, en parlant de la sève d'érable.

densimètre (un): instrument servant à mesurer l'épaisseur (densité) d'un liquide. Il indique la teneur en sucre de la sève.

disamare (une): samare double, fruit plat et ailé qui contient la graine de l'érable.

entaille (une): trou percé dans le tronc d'un érable, dans lequel on enfonce un chalumeau.

érable à sucre (un): l'une des nombreuses espèces d'érable; le principal producteur de sève utilisée pour la fabrication du sirop d'érable.

érablière (une): plantation d'érables, le plus souvent d'érables à sucre, exploitée pour l'industrie des produits de l'érable.

évaporateur (un): appareil servant à retirer l'eau ou d'autres liquides. Constitué de bassines et d'un foyer, il sert à évaporer l'eau contenue dans la sève d'érable et à transformer cette dernière en sirop.

filtre (un): appareil, tel que morceau de feutre, d'étoffe ou de papier, à travers lequel on fait passer un liquide pour le débarrasser de ses impuretés.

gaz carbonique (du): gaz incolore et inodore que les arbres absorbent dans l'air et dont ils ont besoin pour la photosynthèse. En expirant, les êtres humains rejettent du gaz carbonique.

goutterelle (une): planchette qui, avant l'invention des chalumeaux, servait à canaliser l'eau d'érable de l'entaille jusqu'au seau. (On dit aussi une goudrelle ou une goudrille.)

gravité (la): force qui attire tout corps vers le centre de la Terre. Dans ce cas-ci, force qui fait s'écouler la sève dans un seau ou un tuyau de plastique.

mokuk: contenant en écorce de bouleau utilisé jadis par les Amérindiens pour conserver le sucre d'érable.

nervures (une nervure): minces filets qui constituent la charpente d'une feuille.

photosynthèse (la): processus par lequel, en employant la lumière solaire, la chlorophylle contenue dans les feuilles d'un arbre fixe le gaz carbonique de l'air qui, en se mélangeant à l'eau, produit du sucre.

réservoir de récolte (un): grand contenant de métal fixé à un traîneau ou à un chariot, servant à transporter la sève depuis l'érablière jusqu'à l'évaporateur.

sable de sucre (le): ensemble des impuretés que l'on trouve dans le sirop d'érable avant qu'il soit filtré. (On dit aussi la râche.)

sève (la): liquide nutritif élaboré par les arbres pour leur croissance.

sinzibuckwud: mot algonquin désignant le sirop d'érable et qui signifie «tiré du bois».

sisibaskwat: mot Cri désignant un érable.

temps des sucres (le): saison de production du sirop, de l'entaillage au désentaillage des érables. (On dit aussi la **saison des sucres**.)

Informations supplémentaires

Savais-tu que les trois quarts de la production mondiale de sirop d'érable proviennent du Canada? Ou que, en Ontario, en 1947, on avait produit plus de 3 millions de litres de sirop? Ou encore que l'on peut se servir de sirop d'érable dans n'importe quel mets, allant de l'assaisonnement d'une salade à la cuisson d'un poulet au four? La documentation suivante te fournira de nombreux autres renseignements intéressants sur le sirop d'érable.

- Fiche d'information de quatre pages sur la production du sirop d'érable.

  Également disponible en anglais.

  Forêts Canada
  Direction des communications
  351, boul. St-Joseph
  Place Vincent-Massey, 3e étage
  Hull (Québec)
  K1A 0C5

- ONTARIO MAPLE SYRUP, dépliant gratuit contenant des recettes et des informations.

  Ontario Ministry of Agriculture and Food
  801 Bay Street
  Toronto (Ontario)
  M7A 2B2

- LA SAISON DES SUCRES AU QUÉBEC. Dépliant sur l'histoire de la fabrication du sirop d'érable au Québec ainsi que sur les techniques utilisées actuellement. Gratuit.

  Direction des communications
  Ministère de l'Énergie et des Ressources
  200-B, chemin Sainte-Foy
  Québec (Québec)
  G1R 4X7

- On peut également se procurer des informations auprès des organismes suivants:

  Maple Producers' Association of Nova Scotia
  Experimental Farm
  Nappan (Nouvelle-Écosse)
  B0L 1C0

  Forest Extension Service
  P.O. Box 6000
  Fredericton (Nouveau-Brunswick)
  E3B 5H1

Index

Réponses des jeux

Jeu de mots, p. 18

abri, aile, air, aire, arbre, bal, bar, barre, bel,
bêler, bélier, bière, bile, blé, braire, élire, ère,
erre, libre, lier, lierre, lire, raie, râler, rare...

Mots mélangés, p. 42

1) iroquois, 2) pierres, 3) seaux,
4) évaporation, 5) mokuks, 6) chlorophylle,
7) entaille, 8) soleil.

Mots cachés, p. 42

Mots croisés, p. 43

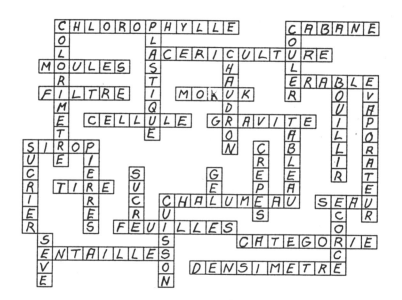